EMF3-0065
合唱楽譜＜J-POP＞

J-POP
CHORUS PIECE

合唱で歌いたい！ J-POPコーラスピース

女声3部合唱

アイノカタチfeat.HIDE(GReeeeN)

作詞・作曲：GReeeeN　合唱編曲：浅野由莉

••• 曲目解説 •••

　2018年に放送されたTBS系火曜ドラマ「義母と娘のブルース」の主題歌として書き下ろされた、MISIA×GReeeeNのコラボレーション楽曲。義母と娘の愛と成長を描くハートフルな物語に寄り添った温かい応援ソングです。思い思いの「アイノカタチ」を、合唱の響きにのせて届けてみませんか。

合唱で歌いたい！J-POPコーラス

アイノカタチfeat.HIDE（GReeeeN）

作詞・作曲：GReeeeN　合唱編曲：浅野由莉

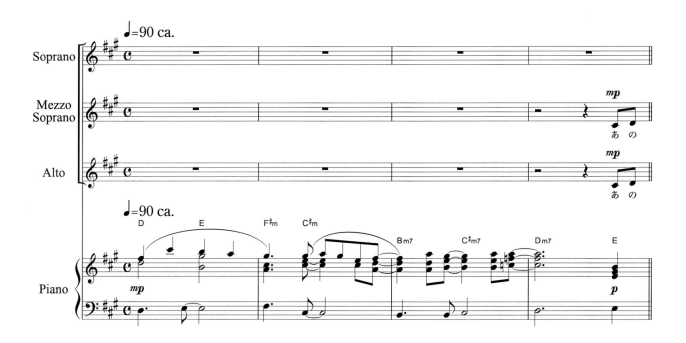
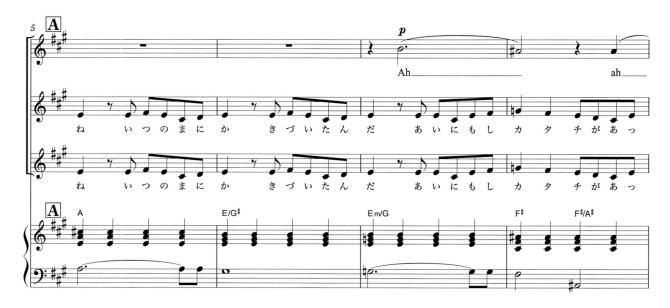

© 2018 by NICHION,INC.

EMF3-0065

MEMO

アイノカタチfeat.HIDE(GReeeeN)

作詞:GReeeeN

あのね　いつの間にか　気づいたんだ　愛に　もし　カタチがあって
それがすでに　わたしの胸に　はまってたなら
きっとずっと　今日よりもっと　あなたのことを知るたびに
そのカタチはもう　あなたじゃなきゃ　きっと隙間を作ってしまうね

あのね　大好きだよ
あなたが心の中で　広がってくたび
愛が　溢れ　涙こぼれるんだ

これから沢山の　泣き笑いを　知るたびに増えていくの
飛び出たとこ　へこんだとこ　二人になってく
時にぶつかり　すり減って　そして　また　埋めあっていけばいい

大好きなあなたが
そばにいないとき　ほら　胸が痛くなって
あなたのカタチ　見える　気がしたんだ

あのね　大好きだよ
何万回も　伝えよう　温かく増えた想いは
全部　アイノカタチです

ずっと　ずっと　大好きだよ
あなたが心の中で　広がってくたび
愛が　溢れ　涙こぼれるんだ
星の数ほどの中　ただ一人のあなたが　心にいるんだ
あのね　あのね　ずっと　大好きだよ
大好きだよ　ああ　ありがとう

エレヴァートミュージックエンターテイメントはウィンズスコアが
展開する「合唱楽譜・器楽系楽譜」を中心とした専門レーベルです。

ご注文について

エレヴァートミュージックエンターテイメントの商品は全国の楽器店、ならびに書店にてお求めになれますが、店頭でのご購入が困難な場合、当社PC＆モバイルサイト・電話からのご注文で、直接ご購入が可能です。

◎当社PCサイトでのご注文方法

http://elevato-music.com

上記のアドレスへアクセスし、WEBショップにてご注文ください。

◎お電話でのご注文方法

TEL.0120-713-771

営業時間内に電話いただければ、電話にてご注文を承ります。

◎モバイルサイトでのご注文方法

右のQRコードを読み取ってアクセスいただくか、
URLを直接ご入力ください。

※この出版物の全部または一部を権利者に無断で複製（コピー）することは、著作権の侵害にあたり、
　著作権法により罰せられます。
※造本には十分注意しておりますが、万一、落丁・乱丁などの不良品がありましたらお取り替えいたします。
　また、ご意見・ご感想もホームページより受け付けておりますので、お気軽にお問い合わせください。